La Bala Incomp.

Florin Gabriel Adamache

ISBN: 979-8-3242-9705-3

Índice

AGRADECIMIENTOS

Quiero expresar mi sincero agradecimiento a Vladis y Dani por su apoyo constante y sus valiosas sugerencias desde el inicio hasta la conclusión de la escritura de este libro. Su retroalimentación ha sido fundamental para dar forma a cada página y mejorar la calidad del contenido.

Un agradecimiento especial para Ezequiel, cuya contribución al apartado sobre la votación digital ha sido inestimable. Su experiencia y conocimientos han enriquecido significativamente esta sección, aportando claridad y profundidad al tema.

También deseo expresar mi gratitud a Antonio por su valiosa colaboración en el apartado sobre Estados Unidos y la libertad de expresión. Sus perspectivas y aportes han enriquecido mi comprensión de este tema crucial y me ha permitido exponerlo de una manera más clara.

Mi más profundo agradecimiento a Carlos por sus revisiones de coherencia. Su dedicación y atención al detalle han contribuido significativamente a pulir el texto y perfeccionar el contenido, asegurando que cada página brinde la mejor experiencia posible al lector.

Por último y no por ello menos importante, quiero expresar mi gratitud a Jennifer por su valiosa idea en el diseño de la portada final. Su creatividad ha ayudado a crear una portada atractiva y llamativa que complementa perfectamente el contenido del libro.

Gracias a todos por vuestra inestimable contribución y apoyo durante todo el proceso.

INTRODUCCIÓN

"Elector: El que disfruta del sacro privilegio de votar por un candidato que eligió otro."

~ Ambrose Bierce

Esta observación satírica encapsula la esencia de nuestro sistema político actual, donde la representación indirecta prevalece. Pero ¿es este un verdadero ejercicio de democracia? ¿Estamos, de hecho, representados de manera adecuada por aquellos que elegimos para tomar decisiones en nuestro nombre?

En el tejido mismo de las democracias occidentales, se encuentra el concepto arraigado de representación indirecta. En este sistema, el elector, dotado del derecho a votar, confiere su confianza a un candidato elegido por miembros de su propio partido político. Este acto, en apariencia sencillo, es el corazón de una dinámica más compleja que merece un análisis profundo.

A menudo, se nos enseña que el voto es la expresión más pura de nuestra soberanía individual, una herramienta que nos concede la capacidad de influir en la toma de decisiones a nivel estatal. Sin embargo, esta aparente facultad ciudadana plantea interrogantes sobre la verdadera naturaleza del poder en un sistema de representación indirecta. ¿Acaso el gobierno concede generosamente el derecho al voto, o somos nosotros, como ciudadanos, quienes al participar entregamos nuestro consentimiento para ser gobernados?

La tríada de poderes gubernamentales, ejecutivo, legislativo y judicial, busca mantener un equilibrio delicado. Sin embargo, la realidad muestra que el poder ejecutivo ha ido adquiriendo un peso desproporcionado sobre los otros dos órganos, desafiando la estabilidad que debería ofrecer la triple balanza. Esta situación plantea la necesidad de considerar una evolución natural hacia una cuádruple balanza, incorporando un cuarto poder: el económico.

Explorar la posibilidad de integrar el poder económico como un cuarto elemento en la balanza gubernamental podría ser la solución para restaurar el equilibrio perdido. Separar el poder económico del ejecutivo crearía una cuádruple balanza, donde la economía, un elemento de peso y trascendencia en la actualidad, se gestionaría de manera independiente. Esta estructura no solo fortalecería la independencia de las instituciones gubernamentales, sino que también establecería un mecanismo de control sobre el uso adecuado de los recursos públicos.

1 LA AGONÍA DE LA DEMOCRACIA REPRESENTATIVA
De la partitocracia a la necesidad de renovación

La Democracia Representativa, concebida originalmente como un sistema que daba voz al pueblo a través de representantes elegidos, ha experimentado una metamorfosis que sus fundadores difícilmente hubieran anticipado. En muchos casos, la esencia misma de la democracia se ha visto eclipsada por lo que ahora se conoce como partitocracia, donde el poder no reside en el ciudadano, sino en los entresijos de los partidos políticos.

En este contexto, la partitocracia se puede definir, en gran medida, como una oligarquía de partidos, donde el control y la toma de decisiones recaen en unas élites partidistas. Los ciudadanos, a menudo relegados al papel de meros espectadores, encuentran su voz diluida en el complejo entramado de la maquinaria política. Esta evolución es particularmente preocupante en algunas sociedades occidentales, donde el juego político está tomando un rumbo hacia lo que podríamos denominar "sectocracias", donde el poder se concentra no solo en el partido como un todo, sino en la figura central del líder.

Algunos ejemplos de partitocracia o tendencia a esta son:

España
España es un país que ha experimentado períodos donde la influencia de los partidos políticos en la toma de decisiones y la configuración de gobiernos ha sido significativa, ejemplo de esto son los abusos de poder del gobierno durante los estados de excepción a finales de 2018 y nuevamente a inicios de 2020.

La complejidad del sistema político español, con múltiples partidos de índole populista y la necesidad de coaliciones para formar mayorías con estos, ha contribuido a la percepción de una élite partidista que, en ciertos momentos, parece tener un control sustancial sobre el rumbo político y los recursos del país por encima de las necesidades ciudadanas y nacionales.

La burocracia política y los vínculos estrechos entre algunos partidos y sectores clave de la sociedad han alimentado las críticas sobre la existencia de una partitocracia, donde el poder político se concentra en la élite de los partidos, a veces en detrimento de una representación más equitativa y participativa.

Además, en los últimos años, se ha observado una creciente radicalización de los regionalismos en España, como resultado de décadas de corrupción política y descontento ciudadano. Este fenómeno se manifiesta en la búsqueda de mayor autonomía por parte de algunas regiones, desafiando la autoridad central y generando tensiones políticas internas. La corrupción en el ámbito político ha minado la confianza en las instituciones gubernamentales y ha alimentado el sentimiento de alienación entre diversas comunidades, exacerbando las divisiones en esta sociedad.

Por desgracia, también en los últimos años, este país ha mostrado tendencias hacia la consecución de una sectocracia debido a que las reformas políticas de los gobiernos más recientes han allanado su camino.

México
También está el caso de México, donde la dinámica política ha estado fuertemente influenciada por la presencia de una partitocracia. Los partidos políticos, en particular los que han gobernado durante décadas, han consolidado un poder sustancial que se extiende más allá de las elecciones.

La élite partidista en México tiende a mantener estrechos vínculos con sectores clave de la sociedad, incluyendo empresas, sindicatos y otro tipo de organizaciones, creando una red de intereses compartidos.

La conexión entre la política y ciertos sectores económicos y sociales ha llevado a la percepción de que las élites partidistas influyen en la toma de decisiones convenientes y no en responder plenamente a las necesidades de la ciudadanía. Además, se ha señalado la existencia de prácticas clientelistas y nepotismo, lo que refuerza la imagen de una élite partidista que controla y distribuye favores políticos.

Estados Unidos de América

En los Estados Unidos, a pesar de su sistema de índole democrático representativo, se observan características que sugieren una inclinación hacia la partitocracia. Ejemplos de esto son el dominio del Partido Demócrata y el Partido Republicano en el panorama político, ejerciendo una influencia significativa sobre el proceso legislativo y la toma de decisiones. Esta situación limita la competencia política de otros partidos o candidatos independientes, creando una red de "conocidos" que afianza su situación bipartidista.

Además, el diseño del sistema electoral, incluyendo el sistema de colegio electoral para las elecciones presidenciales y el uso de distritos electorales para las legislativas, favorece la dominación de los dos principales partidos y dificulta la competencia de terceros partidos o candidatos independientes. Como resultado, los Estados Unidos muestran un ejemplo de política decadente y propensa a la polarización, como se evidenció tras las elecciones del país en el 2021.

Cabe destacar que los Estados Unidos ejercen una poderosa influencia en el panorama político occidental, siendo considerados por ello como "exportadores ideológicos". Esto se debe a que los nuevos movimientos políticos que surgen en este país son rápidamente adoptados e imitados en otras partes del mundo occidental. Esta influencia se extiende a través de diversos aspectos, como las políticas gubernamentales, los debates sociales y las tendencias culturales.

La relevancia de esta influencia radica en que las acciones y políticas adoptadas por los Estados Unidos tienen un impacto significativo en la percepción de la democracia y los derechos humanos en otros países. Por lo tanto, cualquier decadencia en el sistema político estadounidense no solo afecta al país en sí, sino que también tiene repercusiones en otras naciones que han adoptado o imitado sus modelos políticos.

Por lo que esta expansión de la decadencia política estadounidense representa un peligro potencial, ya que socava los valores democráticos y promueve modelos políticos disfuncionales en otros lugares. Es importante estar conscientes de este fenómeno y trabajar en fortalecer las instituciones democráticas a nivel global para contrarrestar cualquier influencia negativa que pueda surgir de la situación política en este país.

Por otro lado, pasando a la sectocracia o tendencia a esta tenemos:

Rusia

Rusia es un claro ejemplo de tendencias sectócratas en Occidente, donde el poder político se concentra de manera significativa en la figura central del líder ejecutivo o presidente.

A lo largo de los últimos años, se ha observado una consolidación de poder en manos del cargo del presidente, quien ha mantenido un control sustancial sobre las instituciones estatales, los medios de comunicación y otros aspectos clave de la sociedad. Esta presidencia ha llevado a una fuerte centralización del poder, dando lugar a una sectocracia donde las decisiones políticas y la dirección del país están fuertemente ligadas a la voluntad del líder central.

Turquía

Por último, Turquía es otro ejemplo donde se ha observado una evolución hacia una sectocracia. A través de diversas reformas, el presidente ha consolidado un poder significativo, centralizando la toma de decisiones y debilitando la independencia institucional.

La presidencia se ha vuelto cada vez más presidencialista, concentrando el poder en la figura del líder. Este cambio hacia una sectocracia ha llevado a preocupaciones sobre la pluralidad política y la participación ciudadana, ya que el líder central juega un papel preponderante en la orientación del país.

Tras estas muestras que animo a investigar de manera individual para más detalles y corroboración de las afirmaciones que he presentado, llega la pregunta. ¿Y qué alternativa propongo al respecto? Lo que propongo no es una alternativa a estos tipos de gobierno como tal, sino un cambio de índole reformista, que implicaría, redundantemente, reformar el sistema de la democracia representativa rellenando los baches y parcheando los agujeros que podrían ser las causas que lleva a estas situaciones anteriormente mencionadas.

También estaría sobre la mesa la opción de índole radical, donde en principio se haría una transición hacia un sistema de democracia directa, es decir, la participación de la población ciudadana en asuntos estatales, primando la descentralización del Estado y también el incremento de la responsabilidad de cada individuo de la nación de manera considerable.

Pese a ello, en este libro sólo hablaré sobre la opción reformista, pero tendré en cuenta la posibilidad de la segunda, empezando así con reformas de carácter general aplicables en ambos casos. Posteriormente continuaré con las reformas específicas aplicables en un sistema de democracia representativa.

2 REFORMAS GENERALES
Por una mejor administración

2.1 LA ECONOMÍA NO ES UN JUEGO

Siguiendo con la narrativa inicial de este libro, la modernización de la estructura de poder es esencial para el funcionamiento eficiente de los países modernos. Inspirándome en el considerado como padre de la teoría de la división de poderes, Charles Montesquieu, propongo la incorporación de un cuarto poder estatal: el poder económico. Este órgano independiente estaría compuesto por una junta de economistas nacionales destacados, seleccionados por méritos y/o experiencia, con la función principal de supervisar y gestionar las cuestiones económicas del país.

La creación de este poder económico fortalecería la independencia de las instituciones estatales y establecería un mecanismo crucial de control sobre el uso de los recursos públicos. Además, se implementaría una administración dedicada a garantizar la transparencia económica en la gestión de cargos públicos, asegurando la rendición de cuentas en el manejo de los fondos de los contribuyentes. Esta estructura también contribuiría a prevenir abusos de poder y fomentaría la eficiencia en la gestión económica del Estado gracias a su naturaleza. Separar el poder económico del ejecutivo es esencial para evitar desequilibrios en el mercado y catástrofes económicas. La relevancia de esta separación radica en la importancia actual de la economía moderna, difícilmente previsible en la época de Montesquieu. Las decisiones económicas mal fundamentadas pueden tener consecuencias nefastas, desde despidos masivos hasta una bancarrota estatal que afectaría no solo a los ciudadanos sino también a países vecinos.

Concentrar tanto poder en el órgano ejecutivo es peligroso, ya que esto hace que posea funciones fundamentales tanto en el manejo de la economía como en la administración territorial. Separar este poder permitiría contrarrestar tanto una mala política económica como una mala administración, estableciendo un equilibrio necesario en la balanza entre el órgano ejecutivo y el nuevo órgano económico, siguiendo así una evolución que considero natural del modelo de la división de poderes.

9

La junta de economistas tendría la responsabilidad de supervisar de cerca todos los asuntos económicos del país. Esto incluiría la revisión de políticas fiscales, presupuestos gubernamentales, despolitización tributaria y cualquier medida relacionada con la gestión de recursos financieros, todo esto encontrando el balance junto al resto de poderes.

Un aspecto fundamental sería la gestión de los recursos públicos. La junta tendría la tarea de asegurar que los fondos provenientes de los contribuyentes se utilicen de manera eficiente y de acuerdo con los intereses de la sociedad. Esto implicaría evaluar la distribución de presupuestos, inversiones y gastos gubernamentales.

La transparencia fiscal sería un pilar central. El poder económico también se encargaría de garantizar que todas las transacciones financieras del Estado sean transparentes y fácilmente accesibles para el público. Esto contribuiría a prevenir la malversación de fondos y fortalecería la confianza de los ciudadanos en las administraciones públicas. También tendría la autoridad para iniciar investigaciones en caso de detectar irregularidades en la gestión económica, llevándolas a cabo en una colaboración estrecha con el órgano judicial para garantizar la imparcialidad en el proceso. Esta capacidad de investigación sería esencial para abordar cualquier mal manejo de recursos públicos de manera eficaz.

Además de sus funciones de supervisión y control, la junta también brindaría asesoramiento económico al gobierno. Sus recomendaciones estarían basadas en análisis especializado y en la evaluación de las tendencias económicas. Esto proporcionaría al ejecutivo información valiosa para la toma de decisiones fundamentadas, evitando así los típicos desequilibrios en el mercado producidos por decisiones de pobre conciencia, buscando así también prevenir posibles catástrofes económicas.

Respecto a las decisiones mal fundamentadas por parte del poder ejecutivo que pudiesen tener consecuencias significativas en el ámbito económico, la junta de economistas actuaría como un contrapeso esencial evaluando y aconsejando para evitar riesgos financieros innecesarios.

Al final, este nuevo poder estatal completaría la triple balanza mencionada anteriormente, transformándola en una cuádruple balanza, donde será más fácil mantener un orden que dificulte el abuso de poder por parte de cualquier organismo del estado.

En resumen, la junta de economistas destacados desempeñaría funciones clave, entre ellas, como es de esperar, la supervisión de asuntos económicos, también la gestión de recursos públicos, el control de transparencia fiscal, la investigación de irregularidades y el asesoramiento económico. A su vez, su colaboración con el órgano judicial fortalecería la capacidad de investigar y abordar posibles irregularidades, garantizando la imparcialidad en el proceso.

2.2 DERECHO A LLEGAR A PODER VOTAR, NO A VOTAR

En la búsqueda de fortalecer la participación ciudadana y asegurar que el voto sea una expresión informada y consciente, propongo una nueva perspectiva que consistiría en ganarse el derecho a votar.

El método más conveniente, barato y accesible, que se me ocurre, sería mediante un examen de acceso al voto. Cualquier ciudadano, con nacionalidad del país en cuestión, que haya cumplido una mayoría de edad será apto para buscar aplicar su derecho a votar, y así, presentarse al examen de admisión al voto. Dicho examen podría tener una validez de un periodo de dos años. Así, se aseguraría una base de votantes más concienciados sobre las repercusiones de sus acciones y la complejidad de la política, ayudando a prevenir la banalización de las decisiones estatales y probablemente también la frustración por la incomprensión de ciertas situaciones en el día a día fruto de las políticas estatales del momento.

Estudiando esto más a fondo, pasaré a hablar primero de una posible asignatura política en la ESO (Educación Secundaria Obligatoria) o Bachillerato, y su equivalente en otros países. Después hablaré en más profundidad del examen en cuestión y lo que ello abarcaría.

El primer paso, una asignatura actualizada

La asignatura propuesta sería de carácter opcional y se regiría por la obligación de transparencia. Esto implica que los padres de los alumnos inscritos tendrían acceso completo al temario que se abordará. El objetivo central de esta asignatura sería fomentar el desarrollo crítico y reflexivo sobre cuestiones políticas, creando un entorno libre de inclinaciones por parte del personal docente.

A diferencia de asignaturas similares, como "Ciudadanía" u otras equivalentes, este curso no contaría con una calificación específica y por lo tanto no computaría para la nota final. Más bien, se concebiría como un "taller de pensamiento crítico", donde se premiaría la participación y el intercambio de ideas de manera constructiva y neutral. La base de este taller residiría en el empirismo, buscando corregir cualquier tendencia hacia críticas destructivas, y también se explicarían las falacias y el cómo contrarrestarlas.

En el contexto actual es innegable que la automatización está transformando radicalmente el panorama laboral y, por ende, la educación debe evolucionar para preparar a las nuevas generaciones de manera más efectiva. El modelo tradicional, donde los estudiantes dependen en gran medida de los centros educativos rígidos para adquirir conocimientos, está mostrando signos de desgaste frente a la creciente presencia de tecnologías inteligentes.

La asignatura propuesta, al fomentar la investigación y el aprendizaje autónomo, marca un primer paso hacia un cambio de paradigma necesario en la educación. La capacidad de analizar y cotejar datos, junto con el desarrollo del pensamiento crítico, se convierten en habilidades cruciales en un entorno donde la automatización asume tareas rutinarias.

El énfasis en la iniciativa propia para investigar y desarrollar pensamientos independientes es esencial. En un futuro donde los trabajos de baja complejidad serán cada vez más susceptibles a la automatización, el aprendizaje constante, la capacidad de adaptación y la polivalencia o multidisciplinariedad se vuelven fundamentales. Esta asignatura busca ser un punto de partida, alentando a los estudiantes a ser protagonistas activos en su proceso de aprendizaje y preparándolos para enfrentar un mundo laboral en constante evolución.

Al promover la investigación y el pensamiento crítico desde una edad relativamente temprana, se sientan las bases para un enfoque educativo más alineado con las demandas cambiantes del siglo XXI. La habilidad para formular las preguntas "¿Por qué?" y "¿Cómo?" de manera innata no solo se convierte en una herramienta esencial para entender la realidad que nos rodea, sino también en un escudo contra la desinformación y las falacias que puedan surgir en un entorno político y social cada vez más complejo.

Cabe destacar y aclarar, que en ningún momento esta asignatura reemplazaría al examen de acceso al voto del que hablaré a continuación, simplemente será un añadido para quienes busquen debatir y expresar ideas durante sus años de estudio.

El segundo paso, un examen para poder votar
Estudiando ahora la propuesta del examen de acceso al voto en sí, este debería exigir unos conocimientos generales mínimos para comprender gran parte de las elecciones estatales, llegando así a discernir entre qué podría ser viable y qué no, diferenciando así qué propuestas tienen bases reales y cuáles no.

El examen se enfocaría en evaluar conocimientos esenciales para la ciudadanía, abordando temas fundamentales que contribuyan a una comprensión integral de la sociedad moderna y sus dinámicas. Entre estos temas se incluirían la estructura del gobierno, garantizando que los ciudadanos comprendan cómo funciona y cómo participar activamente en el proceso democrático. Además, se evaluarían los derechos y deberes ciudadanos, asegurando que cada individuo esté informado sobre sus derechos legales y las responsabilidades que conlleva la ciudadanía. La economía sería otro punto central de evaluación, permitiendo a los ciudadanos comprender los principios básicos que rigen la economía local e internacional y cómo estas políticas impactan en sus vidas diarias. Asimismo, se abordarían las políticas sociales para asegurar que los ciudadanos estén al tanto de las medidas implementadas para promover el bienestar y la equidad en la sociedad.

Para garantizar que todos los ciudadanos tengan la oportunidad de prepararse, se proporcionarían recursos educativos accesibles. Esto incluiría material de estudio en varios formatos como físico o digital, sesiones informativas y tutorías para aquellos que buscan mejorar su comprensión antes de presentarse al examen. El examen se diseñaría de manera que no solo mida la memorización de hechos, sino también la comprensión y la capacidad de aplicar los conocimientos a situaciones del mundo real. Para ello en lugar de un enfoque binario de "aprobado" o "suspendido", los resultados del examen podrían clasificarse en niveles graduales. Esto permitiría reconocer los diferentes niveles de conocimiento y ofrecer oportunidades para mejorar a lo largo del tiempo si se desea, con cursos efectuados de manera presencial o remota sobre los temas con "peor" calificación.

Con todo esto lo que propongo es que los ciudadanos que decidan asumir la responsabilidad de decidir el rumbo de las políticas estatales también entiendan lo que esto acarrea y a lo que podría llevar si se elige a la ligera y sin comprender qué se está haciendo, ya sea eligiendo a sus representantes o votando políticas por su propia cuenta. A raíz de esto, también se buscaría fomentar el aprendizaje constante y la adaptación, cultivando así una ciudadanía activa y comprometida que comprenda que la participación en el proceso electoral no solo es un derecho, sino una responsabilidad fundamental para construir sociedades informadas, justas y resilientes.

2.3 LA VOTACIÓN DIGITAL

La introducción de la votación digital representaría un avance esencial para modernizar y optimizar los procesos democráticos, ya sea en la democracia representativa o directa. Primero abordaré uno de los aspectos más cruciales de este proceso, con el que creo que muchos coincidirán; la seguridad.

Medidas de seguridad
En el ámbito de la votación digital, la seguridad es un componente fundamental para garantizar la fiabilidad y legitimidad del proceso electoral. Aquí presentaré algunas propuestas y medidas para implementar este método de manera segura y efectiva.

Primero tendríamos la implementación de un cifrado robusto, que es esencial para asegurar la integridad y confidencialidad de los datos en la votación digital. Este componente crítico implicaría la utilización de algoritmos criptográficos avanzados que protejan la información desde su origen hasta su destino. El cifrado no solo resguardaría contra manipulaciones indebidas de votos, sino que también salvaguardaría la privacidad de los electores, un aspecto crucial para el éxito y la aceptación de la votación digital. Un ejemplo de esto podría ser el cifrado de extremo a extremo.

De igual manera, la tecnología blockchain emerge como un recurso valioso. La aplicación de blockchain en sistemas de votación puede ofrecer una capa adicional de confianza y transparencia. Su naturaleza descentralizada garantiza que una vez que se registra un voto, es prácticamente imposible alterarlo sin el consenso de la red. Esto no solo proporciona una mayor seguridad contra posibles manipulaciones, sino que también brinda a los votantes y observadores la capacidad de rastrear y verificar los resultados de manera más eficaz.

Además, la tecnología blockchain puede facilitar la verificación de identidad de manera segura. Mediante el uso de firmas digitales y claves criptográficas, se puede establecer un sistema robusto de autenticación que minimiza los riesgos de suplantación y asegura la integridad del proceso electoral. La transparencia inherente de la blockchain, al permitir la revisión pública del registro de votos, contribuye a fortalecer la confianza en el sistema y disuade posibles intentos de fraude.

También habría que establecer defensas proactivas contra amenazas cibernéticas. La adopción de firewalls, sistemas de detección de intrusiones y un monitoreo continuo son esenciales para prevenir posibles ataques. Junto a esto, la verificación de identidad, mediante mecanismos como la autenticación multifactor y lo mencionado anteriormente, es crucial para prevenir la suplantación y asegurar la autenticidad de cada voto.

La transparencia en el código fuente de las plataformas de votación digital es otra medida clave. Hacer que el código fuente sea accesible para revisión pública (nacional) facilita una evaluación transparente de su seguridad por parte de expertos independientes, contribuyendo a fortalecer la confianza en el sistema. La educación en ciberseguridad también desempeña un papel crucial. Serán necesarios programas de concienciación tanto para el personal a cargo de la administración del sistema como para los ciudadanos, que promuevan buenas prácticas y mejoren la resistencia frente a posibles amenazas.

Con esto quiero mostrar por encima la cantidad de medidas de seguridad disponibles, al final será cosa de expertos en ciberseguridad e informática debatir sobre esto más a fondo. En todo caso, para toda la terminología y conceptos desconocidos, animo a su investigación por vía independiente.

Democracia participativa

Explorar la posibilidad de implementar la votación digital directa en temas específicos representa un avance significativo hacia una participación ciudadana más activa. Este enfoque busca empoderar a los ciudadanos al permitirles contribuir de manera directa y deliberada en cuestiones que impactan directamente en su comunidad.

La votación digital directa se podría diseñar para abordar asuntos específicos, como proyectos locales o decisiones presupuestarias. Al adoptar esta modalidad, se abriría una nueva vía para que los ciudadanos expresen sus preferencias y tomen decisiones informadas sobre cuestiones que afectan directamente su entorno. Esta democratización directa del proceso de toma de decisiones conduciría a políticas más alineadas con las necesidades y deseos reales de la ciudadanía.

La implementación de la votación digital directa también podría hacerse gradualmente, comenzando con temas específicos de menor envergadura antes de expandirse a decisiones más complejas. Esto permitiría evaluar la efectividad del sistema, abordar posibles desafíos y garantizar que los ciudadanos se familiaricen con la nueva forma de participación antes de su aplicación en asuntos más trascendentales.

Además, la introducción de la votación digital directa podría ir acompañada de campañas educativas para informar a la población sobre los temas en consideración y cómo su participación puede tener un impacto significativo. La transparencia y la accesibilidad serían elementos clave para asegurar la legitimidad y la confianza en este nuevo método, y la implementación gradual permitiría ajustar y mejorar el sistema en función de la retroalimentación y la experiencia acumulada.

Por último, para el sector de la población carente de medios digitales, una campaña de digitalización sería una buena manera de darle la misma oportunidad a todos los habitantes. Esto implicaría por ejemplo el otorgamiento de dispositivos móviles, ayudas económicas y construcción de infraestructura para asegurar la conexión a internet de los ciudadanos que lo necesiten, sumando a esto el acceso a la educación digital.

Por qué aplicarlo

La implementación del voto digital conlleva diversas ventajas que podrían transformar positivamente los procesos electorales y mejorar la participación ciudadana. En primer lugar, la accesibilidad sería mejorada significativamente, permitiendo a los votantes ejercer su derecho desde la comodidad de sus hogares o su lugar de vacaciones, eliminando barreras geográficas y facilitando la participación de aquellos con movilidad reducida o limitaciones de tiempo. Esta mayor accesibilidad podría traducirse en una mayor participación electoral y una representación más precisa de la diversidad de la población.

Además, el voto digital ofrece la posibilidad de agilizar el proceso electoral. La eliminación de la necesidad de trasladarse físicamente a un lugar de votación y realizar procedimientos en papel reduciría considerablemente los tiempos de espera y agilizaría la contabilización de los votos. Este aumento en la eficiencia podría llevar a resultados electorales más rápidos y fiables, contribuyendo a una toma de decisiones más ágil.

Otra ventaja clave es la reducción de costos asociados con la organización de elecciones. La implementación de sistemas de votación digital disminuiría la necesidad de imprimir grandes cantidades de papeletas, así como la logística asociada con la distribución y recolección física de votos. Esto no solo sería beneficioso para las instituciones electorales en términos de eficiencia, sino que también representaría un ahorro económico significativo y una verdadera reducción de la huella ambiental marcada por la eliminación de la abrupta dependencia del papel.

En cuanto a la inevitabilidad de la llegada del voto digital, es innegable que vivimos en una era digital en constante evolución. La tecnología ha transformado la forma en que nos comunicamos, trabajamos y realizamos transacciones cotidianas. En este contexto, la incorporación del voto digital en los procesos electorales es una evolución natural para adaptarse a las demandas y expectativas de la sociedad contemporánea. Postergar su implementación podría resultar en una desconexión creciente entre las prácticas democráticas y las preferencias y comportamientos de una población cada vez más digitalizada.

La introducción de la votación digital marca un hito crucial para la modernización y optimización de los procesos democráticos, abriendo la puerta a una participación ciudadana más directa y eficiente. La Democracia Participativa se fortalece con la posibilidad de implementar la votación digital directa en temas específicos, permitiendo a los ciudadanos contribuir de manera directa en asuntos que impactan en su comunidad.

En conclusión, la votación digital ofrece una serie de ventajas, como la mayor accesibilidad, la agilización del proceso electoral y la reducción de costos asociados. Estos beneficios transformarían positivamente los procesos electorales, permitiendo una representación más precisa y eficiente. Considerando la inevitabilidad de la progresión tecnológica, la implementación temprana del voto digital es una medida sensata y necesaria para adaptar los sistemas democráticos a la realidad digital actual y asegurar su relevancia y eficacia en el futuro.

2.4 LIMITACIÓN DEL SUELDO PÚBLICO

Es fundamental establecer límites claros a los sueldos de los funcionarios y demás cargos públicos para promover la equidad y la responsabilidad financiera. Por lo tanto, propongo la implementación de un sistema de limitación salarial que asegure que ningún funcionario público, independientemente de su cargo, reciba ingresos desproporcionadamente altos en comparación con el ciudadano promedio, o desproporcionadamente inferiores al sueldo promedio del mercado.

Esta medida no solo busca evitar la concentración excesiva de recursos en manos de unos pocos, sino que también pretende alinear los salarios públicos con las realidades económicas de la sociedad a la que sirven. La limitación salarial contribuirá a generar confianza entre los ciudadanos y el gobierno, al demostrar un compromiso tangible con la austeridad y la gestión responsable de los recursos públicos.

Para determinar los límites salariales, propongo considerar factores como la escala económica del país, el costo de vida y las responsabilidades inherentes al cargo. Esta medida no solo establecería un marco justo y equitativo, sino que también enviaría un mensaje claro sobre la importancia de la igualdad y la responsabilidad en el servicio público.

Adicionalmente, la limitación del sueldo público se convertiría en un filtro natural, desincentivando a individuos con intenciones negativas de ocupar cargos públicos con el único propósito de beneficiarse económicamente. Al vincular los aumentos salariales al rendimiento económico del país, se establece una barrera que separa a aquellos que buscan el bien común de aquellos que buscan aprovecharse del erario público.

En este marco, es crucial destacar que las limitaciones salariales se adaptarán según la naturaleza de la función pública. Por ejemplo, un médico o profesor del servicio público debería recibir un salario competitivo con el mercado, incentivando así la retención de profesionales altamente cualificados. Sin embargo, para cargos políticos como alcalde, concejal, senador, diputado o presidente, se establecería un tope que no podrá superar el salario promedio del país. Esto garantiza que la vocación de servicio prevalezca sobre las motivaciones económicas en aquellos que buscan liderar y representar a la ciudadanía.

La limitación del sueldo público se convierte, de este modo, en una herramienta clave para asegurar que la gestión pública esté guiada por el compromiso con el bienestar colectivo. Asegurando así que la limitación del sueldo público juegue un papel en la economía, puesto que se convertirá en un incentivo para mejorar esta. Cualquier intento de aumentar los salarios públicos de los puestos mencionados anteriormente, estará vinculado directamente al rendimiento económico del país, fomentando así políticas y estrategias que impulsen el crecimiento económico y la estabilidad financiera.

2.5 LIBERTAD DE EXPRESIÓN SIN ARBITRARIEDADES

La libertad de expresión, siendo una columna vertebral de las sociedades democráticas, se ve amenazada por la creciente sombra de la censura, que conduce inevitablemente a lo que se conoce como la "corrección política". Este fenómeno, lejos de promover una mayor libertad y diversidad de ideas como suele predicar, representa un sistema de censura típico de un estado autoritario. Bajo el pretexto de mejorar la convivencia y proteger la sensibilidad de ciertos grupos, la "corrección política" impone un orden de pensamiento preestablecido por unos pocos para todos los ciudadanos, resultando en una pérdida gradual de la libertad de expresión.

En la superficie, la "corrección política" se presenta como un intento de salvaguardar los derechos y sensibilidades de todos. Sin embargo, en la práctica, esto conlleva a la restricción y censura de opiniones que no se alinean con la narrativa previamente establecida. Esta forma de censura no solo atenta contra la diversidad de pensamiento, sino que también crea un ambiente propicio para la manipulación de la información y la imposición de ideologías particulares.

Hay que destacar que la censura, bajo el disfraz de "corrección política", no busca fortalecer la libertad, sino controlarla. Este sistema busca moldear la opinión pública de acuerdo con una agenda específica, marginando cualquier voz disidente que desafíe las perspectivas preestablecidas. En lugar de fomentar el intercambio abierto de ideas, la "corrección política" engendra un ambiente donde la autocensura prevalece por temor a represalias, socavando así los principios fundamentales de la libertad de expresión.

Un ejemplo de la arbitrariedad en la libertad de expresión en Occidente se puede observar en la forma en que se trata el discurso relacionado con el Nacional Socialismo. Es comprensible y justificado que se aplique censura y restricciones a las expresiones que promueven esta ideología, dada su historia vinculada a atrocidades como el Holocausto y su abierta oposición a los principios fundamentales de los derechos humanos.

Sin embargo, la contradicción surge cuando se permite que otras ideologías de índole similar, como el Socialismo o Comunismo, que también han demostrado atentar contra las libertades individuales y los derechos humanos en distintos contextos históricos, no solo queden impunes, sino que incluso sean alabadas públicamente sin represalias significativas.

Un pequeño inciso, veo importante aclarar que la definición de Socialismo y Comunismo que estoy utilizando tiene origen en los regímenes que se autodenominan bajo estas etiquetas durante aproximadamente el último siglo, que han cometido varios crímenes de lesa humanidad durante su existencia. No estoy generalizando todas las variantes de estas ideologías, ya sean puramente teóricas o hayan tratado de ser puestas en práctica, debido a que hay un sinfín de ellas y no todas estas variantes responden ni ante los mismos actos ni ante la misma descripción.

Acabando el inciso, esta disparidad en las decisiones de censura evidencia la falta de consistencia en la aplicación de la libertad de expresión. Si bien es necesario y justificable restringir discursos que promueven la intolerancia y la violencia, la libertad de expresión debería aplicarse de manera equitativa y sin sesgos políticos. El hecho de que algunas ideologías con historias manchadas de represión y violencia sean elogiadas mientras otras son censuradas crea un terreno propicio para la arbitrariedad y la falta de transparencia en el ejercicio de este derecho fundamental.

Este escenario subraya la necesidad de reconsiderar la censura estatal y buscar un enfoque más equitativo y consistente para garantizar la libertad de expresión. Abogar por una abolición de la censura estatal no implica la promoción de discursos perjudiciales, sino más bien la búsqueda de un marco donde la aplicación de restricciones esté basada en principios claros y universales, en lugar de en interpretaciones sesgadas que pueden llevar a la impunidad de ciertas ideologías y a la represión de otras.

A raíz de esto la idea de abrazar la libertad de expresión en su totalidad es, sin duda, el camino a seguir para construir sociedades fuertes y resilientes. En lugar de depender del Estado para pensar por la ciudadanía, se debe fomentar una cultura donde cada individuo sea capaz de discernir entre lo correcto y lo incorrecto, entre la verdad y la falsedad. Este enfoque no solo confía en la capacidad de autorregulación de la sociedad, sino que también promueve la idea de que la libertad de expresión es una herramienta vital para la construcción de una comunidad informada y crítica.

La clave para autorregular los extremismos radica en una población educada. Una educación sólida y centrada en la búsqueda de soluciones y la verdad actúa como un antídoto natural contra las tentaciones del extremismo. Cuando los ciudadanos están equipados con conocimientos, habilidades analíticas y la capacidad de cuestionar, el miedo, que suele ser la herramienta predilecta de los extremistas, pierde su eficacia. La educación se convierte en el pilar fundamental que sostiene una sociedad donde la libertad de expresión puede florecer sin ser malinterpretada o utilizada para propósitos destructivos.

Es esencial comprender que la construcción de una población educada no es una tarea imposible ni utópica. Requiere tiempo, dedicación y recursos, pero es un objetivo alcanzable para cualquier Estado dispuesto a invertir en el bienestar y el progreso de su sociedad. En su defecto, de llegar a haber una falta de compromiso estatal en la consecución de este objetivo, recaería en manos de los ciudadanos exigir un cambio y luchar por un sistema educativo que les brinde las herramientas necesarias para prosperar en la sociedad del conocimiento del siglo XXI. La educación debe ir más allá de la transmisión de información; debe fomentar el pensamiento crítico, la capacidad de investigación y el discernimiento entre información válida y falaz. Solo así se puede garantizar un futuro próspero y sostenible para todos.

Cada ciudadano debe internalizar la responsabilidad de aprender por su cuenta y de buscar respuestas fundamentadas. En un mundo saturado de información, la capacidad de filtrar la verdad de la ficción se vuelve crucial. Enseñar a la población cómo encontrar respuestas por sí misma no solo fortalecerá la libertad de expresión, sino que también actuará como un escudo contra la manipulación y la desinformación.

"El mejor argumento contra la democracia es una conversación de cinco minutos con el votante medio."

~ Winston Churchill

Esta frase popularmente atribuida a Winston Churchill pierde su validez cuando cada ciudadano se convierte en un pensador crítico, capaz de discernir y evaluar la información de manera independiente. La educación, entonces, se convierte en la herramienta transformadora que empodera a la sociedad para tomar decisiones informadas y participar activamente en la construcción de un futuro basado en la verdad y la responsabilidad individual.

3 REFORMAS DE LA DEMOCRACIA REPRESENTATIVA
Más transparencia y obligaciones

3.1 CAMBIOS DE PODER Y ENDURECIMIENTO PENAL

La opacidad en la "clase política" constituye un problema central, ilustrado con frecuencia por casos de malversación de fondos, donde un cargo público desvía dinero destinado a fines específicos de "bien público", hacia su propio bolsillo. A pesar de las disposiciones legales en los códigos penales occidentales que imponen penas de prisión, inhabilitación y multas, la aplicación efectiva de estas sanciones enfrenta desafíos burocráticos y judiciales.

La complejidad inherente y la ineficacia en la supervisión hacen que la aplicación de sanciones por malversación sea un desafío. Debido a estas dificultades, la situación obliga a la dependencia de la ética individual como la principal barrera contra la corrupción, y este mecanismo no es fiable debido a que la ética es subjetiva, dado que no todos compartimos los mismos valores.

Para abordar este problema, propongo la implementación de una transparencia fiscal integral para los cargos públicos. Esta medida implicaría la divulgación pública de sus cuentas personales a nivel nacional y extranjero. Sé que existen controles fiscales, pese a ello su aplicación en cargos políticos y administrativos es limitada y a menudo llevada a cabo por colegas del mismo círculo social, lo que puede resultar en investigaciones sesgadas, especialmente cuando los encargados comparten afiliación política.

Adicionalmente, la falta de independencia en el sistema judicial que hay en algunos países, facilita la obstrucción de la justicia y contribuye a la impunidad en delitos financieros. Por lo tanto es esencial abordar estos problemas estructurales para fortalecer la integridad y la rendición de cuentas en el ámbito político.

En este contexto, volvemos al concepto del cuarto poder estatal, el económico, el cual tendría un rol crucial que se centraría en garantizar la transparencia y la integridad en la gestión financiera. Este órgano independiente, compuesto por destacados economistas nacionales filtrados por méritos y años de experiencia para luego ser seleccionados mediante votación popular, tendría la responsabilidad de supervisar de cerca las cuentas tanto del Estado como de los cargos públicos.

En caso de detectar irregularidades, el poder económico tendría la autoridad para iniciar investigaciones internas. Es crucial destacar que estas investigaciones se llevarían a cabo en colaboración con el órgano judicial, separando así el poder de investigación y garantizando un proceso imparcial.

La sinergia entre el poder económico y el poder judicial sería fundamental para mantener la imparcialidad en las investigaciones. Esta colaboración reforzaría la rendición de cuentas, ofreciendo un mecanismo robusto para abordar cualquier anomalía financiera de manera eficaz y transparente. En conjunto, estas medidas contribuirían a construir un sistema que no solo fomente la transparencia en las finanzas públicas, sino que también fortalezca la confianza de la ciudadanía en sus instituciones gubernamentales.

En cuanto al delito de corrupción, es fundamental establecer un enfoque riguroso y sin excusas, incluso en casos considerados menores. La participación en actos corruptos debería resultar en la inhabilitación permanente del individuo para ocupar cargos públicos, sin derecho a ninguna amnistía a futuro obviando claramente el caso de corroboración de inocencia. Para casos de corrupción de mayor envergadura, se impondría la pena de prisión permanente.

Esta postura busca dejar claro que el ejercicio del poder conlleva responsabilidades estrictas, y cualquier desviación ética será castigada de manera contundente. La implementación de sanciones severas busca disuadir a aquellos tentados a incurrir en prácticas corruptas, fortaleciendo así la integridad del sistema y la confianza de la ciudadanía en sus representantes.

Algunos podrían considerar estas medidas como desorbitadas en primera instancia, pero es crucial subrayar que la corrupción no tiene justificación válida. Antes de discutir si la corrupción puede ser justificada en ciertos contextos, no hay situaciones en las cuales la corrupción pueda considerarse ética o aceptable.

Es común escuchar la excusa de que la tentación lleva a actos corruptos, pero hay que reconocer que la responsabilidad recae completamente en la persona que comete dichos actos. La noción de ser tentado por circunstancias externas es simplemente una excusa para eludir la responsabilidad personal puesto que la decisión final ha sido del individuo que es consciente de lo que ello acarrea.

Por lo tanto, estas medidas que pueden considerarse como drásticas, buscan establecer un estándar inflexible contra la corrupción, dejando claro que cualquier participación en prácticas corruptas resultará en consecuencias graves y sin posibilidad de amnistía. Al fin y al cabo, la corrupción es uno de los mayores crímenes de traición contra el estado y todos sus habitantes.

3.2 AJUSTES EN LAS OBLIGACIONES EJECUTIVAS

Por parte de las obligaciones del poder ejecutivo, también implementaría el "voto por contrato". Este enfoque implicaría que los candidatos, al buscar el voto de los ciudadanos, presenten un contrato con compromisos específicos que planean cumplir durante su mandato. Los electores, al ejercer su voto, estarían expresando su aceptación y respaldo a estos términos.

Al finalizar el periodo de gobierno, se establecería un proceso de rendición de cuentas. Los ex representantes serían sometidos a evaluaciones exhaustivas sobre si cumplieron o no con los compromisos establecidos en sus contratos electorales. En caso de que se demuestre incumplimiento significativo, se aplicarían sanciones severas, estableciendo así un mecanismo efectivo para responsabilizar a los líderes políticos por las promesas hechas durante sus campañas.

Esta propuesta no solo garantizaría una mayor transparencia y honestidad por parte de los candidatos, sino que también fortalecería la conexión entre los representantes y los representados. Los ciudadanos tendrían una herramienta concreta para medir el desempeño de sus líderes y, en última instancia, se reforzaría la confianza en el sistema democrático.

Con estas adiciones, la propuesta de reforma aborda no sólo la necesidad de supervisión económica sino también la exigencia de una mayor responsabilidad por parte de los gobernantes, contribuyendo así a la construcción de un sistema más sólido y centrado en el ciudadano, puesto que es quien, en primera instancia, debería salir beneficiado por el trabajo de dichos gobernantes, los cuales tienen como trabajo servir al pueblo y no al revés, como indica el nombre del sistema de gobierno y por mucho que a veces se olvide.

En conclusión, con esta propuesta de reforma busco abordar diversas deficiencias en el sistema representativo actual y las obligaciones de los cargos elegidos, enfocándome en la transparencia, la rendición de cuentas y el fortalecimiento del vínculo entre los ciudadanos y sus representantes. Con esto pretendo que se construya un sistema más equitativo, consciente y participativo.

En última instancia, esta reforma aspira a forjar una democracia representativa real, robusta, adaptada a los desafíos contemporáneos y centrada en el bienestar de la sociedad que representa, lo que llevaría a invertir la pirámide social actual.

3.3 MENOS CUENTOS, MÁS EVIDENCIA

Con el propósito de fortalecer la calidad y transparencia del proceso legislativo, propongo la implementación de una obligación clave en la formulación de proyectos de ley y medidas estatales: la inclusión de datos sustentados que respalden tanto la necesidad como la viabilidad de las medidas propuestas. Con esta medida se buscaría instaurar un enfoque basado en la evidencia y menos sujeto a influencias partidistas, garantizando así decisiones más informadas y eficientes.

En situaciones cuando algún caso raro carezca de suficientes datos al respecto, se podría hacer una excepción incorporando la posibilidad de prescindir de pruebas concretas y decidir en base a un consenso por mayoría absoluta. Este enfoque flexible permitiría abordar circunstancias excepcionales en las que la evidencia cuantitativa pueda ser limitada, fomentando la toma de decisiones ágiles y adaptativas.

Para que todo esto funcione de la manera esperada es imperante que se respete la separación de poderes y la despolitización del poder legislativo, además de que se respete la bicameralidad que tanto representa a las democracias modernas.

Al exigir que los proyectos de ley estén respaldados por datos concretos, se establece un estándar que promueve la toma de decisiones fundamentada en hechos probados en lugar de simplemente en opiniones o preferencias ideológicas. Este enfoque tendría el potencial de elevar la calidad de la legislación al proporcionar a los legisladores y al público información objetiva sobre la efectividad y las posibles implicaciones de las medidas propuestas. Puesto que los proyectos de ley deberán también ser de carácter público, o, en otros términos, deben ser transparentes.

Pasando a las mejoras de estos cambios, primero están las ya mencionadas transparencia y rendición de cuentas, que son pilares fundamentales de cualquier sistema democrático. Al incluir datos respaldados por evidencia en los proyectos de ley se mejoraría la transparencia, permitiendo a los ciudadanos evaluar y comprender mejor las justificaciones detrás de las propuestas legislativas. Esta mayor transparencia, a su vez, contribuye a fortalecer la confianza en las instituciones democráticas al demostrar un compromiso claro con la toma de decisiones informada.

Además, la inclusión de datos sustentados fomentaría un debate legislativo más informado y enriquecedor. Proporcionaría a los legisladores herramientas tangibles para discutir los méritos y desafíos de las propuestas, evitando la toma de decisiones basada exclusivamente en preferencias partidistas o ideológicas.

En resumen, la obligación de respaldar proyectos de ley con datos concretos no solo mejora la calidad y eficiencia del proceso legislativo, sino que también refuerza los principios fundamentales de la democracia, promoviendo la rendición de cuentas, la transparencia y un debate informado.

3.4 UN PARTIDO SIGNIFICA MUCHAS VOCES

En aras de fortalecer la democracia y promover un sistema político más plural y participativo, propongo la eliminación de la disciplina de voto donde la haya en los partidos políticos y también propongo la descentralización de estos mismos. Este cambio buscaría reducir la centralización del poder en las manos de los líderes partidistas y fomentar un ambiente donde los representantes puedan expresar opiniones independientes, priorizando el debate de ideas sobre la lealtad partidista.

Actualmente, la disciplina de voto en los partidos políticos impone una rigidez que limita la diversidad de opiniones entre los miembros del mismo partido. Esta práctica, si bien puede fortalecer la cohesión interna, a menudo o prácticamente siempre suprime la capacidad de los representantes para representar genuinamente los intereses y valores de sus electores. La eliminación de esta disciplina permitiría a los representantes votar de acuerdo con sus convicciones y el bienestar de sus electores, fomentando un sistema más representativo y respetuoso de la diversidad de opiniones.

Asimismo, es crucial limitar el poder del líder del partido para destituir a miembros sin una justificación clara y objetiva. La destitución de un miembro de un partido político no debe basarse únicamente en desacuerdos de votación o discrepancias ideológicas. Propongo que esta facultad se restrinja a casos específicos y justificados, como conductas ilegales o acciones que vayan en contra de los principios fundamentales del partido. Esta medida contribuirá a garantizar una gestión más democrática y evitará posibles abusos de poder. Puesto que, en primera instancia, las personas en el poder son elegidas por los ciudadanos, y que se les pueda expulsar sin restricción alguna y por conveniencia, es un atentado contra la Democracia misma.

La eliminación de la disciplina de voto y la limitación del poder del líder del partido se traducirán en un escenario político más dinámico y participativo. Los representantes podrán participar en debates significativos, contribuyendo con perspectivas diversas y enriquecedoras. Asimismo, se fortalecerá la independencia de los representantes, quienes podrán tomar decisiones basadas en sus valores y en la voluntad de sus electores, sin temor a represalias internas.

En resumen, con esta propuesta busco que se transforme el actual paradigma político, fomentando un ambiente donde la diversidad de opiniones sea valorada y el debate de ideas sea prioritario. Al eliminar la disciplina de voto, limitar el poder del líder del partido y descentralizar su estructura, se llegaría a construir un sistema más transparente y alineado con el principio fundamental de representación ciudadana.

3.5 RESTRICCIÓN DE LA LEGISLACIÓN EJECUTIVA

En esta propuesta abordaré la necesidad imperante de restringir la legislación ejecutiva, centrándome específicamente en la eliminación del decreto ley o decreto presidencial como mecanismo unilateral para establecer normativas, así como cualquier variante de este tipo de poder que el ejecutivo pueda tener en su posesión. No es simplemente que considere que la concentración de una parte del poder legislativo en manos del poder ejecutivo sea significativa, sino que va directamente en contra del principio fundamental de la separación de poderes.

La eliminación del decreto ley implicaría que las decisiones de carácter legislativo deben someterse al proceso regular del órgano legislativo. Este enfoque tiene como objetivo primordial evitar decisiones apresuradas, poco discutidas o caprichosas, asegurando que las leyes sean el resultado de un proceso más exhaustivo y participativo que involucre a representantes elegidos democráticamente.

La justificación de esta propuesta radica en la profunda preocupación sobre la posibilidad de abusos de poder por parte del ejecutivo al recurrir a decretos unilaterales. Históricamente, hemos observado casos en varios países donde la práctica de mezclar funciones legislativas con ejecutivas ha llevado a una concentración indebida de poder. Aunque se reconoce que la agilidad gubernamental es un aspecto importante, sostengo que es crucial limitar esta práctica para preservar un sistema de pesos y contrapesos más efectivo y evitar la acumulación excesiva de poder en manos de unos pocos individuos.

La necesidad de esta restricción se fundamenta en la esencia misma de la democracia, que busca la participación ciudadana y la representación equitativa. La adopción de leyes debe ser un proceso transparente y deliberativo, no sujeto a decisiones unilaterales que pueden carecer de la diversidad de perspectivas necesaria para abordar los desafíos de una sociedad compleja y plural.

Esta propuesta no busca obstaculizar la capacidad del ejecutivo para actuar eficientemente, sino más bien garantizar que las decisiones legislativas sean el resultado de un debate robusto y la consideración de múltiples voces, lo cual es esencial para el sano funcionamiento de una democracia auténtica y limitar los intentos de transición hacia una partitocracia.

3.6 REVISIÓN DE LAS LEYES

La revisión constante de las leyes es un componente esencial para asegurar que el sistema legal de un país evolucione en consonancia con los cambios en la sociedad, la tecnología y las necesidades cambiantes de la población. En esta propuesta abogo por la implementación de evaluaciones exhaustivas de las leyes cada un determinado tiempo, por ejemplo, cada 5 o 10 años. La razón fundamental detrás de este proceso periódico radica en la identificación de obsolescencias, la corrección de lagunas legales y la solución de posibles conflictos normativos que puedan haber surgido con el tiempo.

Este enfoque proactivo no solo se limita a abordar problemas existentes, sino que también sienta las bases para incorporar nuevas leyes o realizar ajustes en las existentes para hacer frente a desafíos emergentes. De esta manera, se garantiza que el marco legal permanezca efectivo, justo y en consonancia con los valores y estándares contemporáneos. La adopción de un sistema legal dinámico y adaptable promueve la transparencia, la justicia y la eficacia en la aplicación de las leyes.

En última instancia, este riguroso proceso de revisión ofrece a los ciudadanos un marco legal que no solo es claro y actualizado, sino que también se adapta de manera precisa a las cambiantes realidades y necesidades de una sociedad en constante evolución.

De manera análoga a cómo organizas los alimentos en tu cocina, preservando aquellos frescos y descartando los caducados para garantizar la salud y funcionalidad de tu hogar, o eso espero, el sistema legal debe abrazar un enfoque similar. Este enfoque minucioso y proactivo aseguraría que las leyes no solo sean realmente relevantes, sino también eficaces, sirviendo como cimientos sólidos para una convivencia justa y equitativa en el marco de una sociedad en constante transformación.

3.7 FINANCIAMIENTO POLÍTICO SOSTENIBLE

En pos de fomentar la transparencia, responsabilidad y compromiso en la esfera política, propongo la eliminación del financiamiento estatal a los partidos políticos. Bajo esta propuesta, los políticos deberán autofinanciar sus actividades políticas exclusivamente a través de sus sueldos, eliminando así la dependencia del erario público.

Esta medida busca no solo reducir el gasto público destinado a financiar partidos políticos, sino también crear un ambiente donde la responsabilidad financiera recaiga directamente en los propios políticos. Al autofinanciarse, cada integrante de un partido político asumiría personalmente los costos asociados al mantenimiento y operación de su agrupación, generando un compromiso más directo con sus ideales y con la ciudadanía.

La eliminación del financiamiento estatal a partidos políticos fomentaría la austeridad en el ámbito político y reduciría la posibilidad de malversación de fondos públicos para fines partidistas, previniendo así posibles conflictos de interés y prácticas corruptas, al menos en partidos sin puestos gubernamentales. Al depender exclusivamente de sus propios recursos, se promovería una cultura de responsabilidad financiera, evitando el uso de dinero público para financiar a personas que no ocupasen cargos gubernamentales directos.

En resumen, la autofinanciación de los partidos políticos emerge como un paso crucial hacia una esfera política más transparente, responsable y comprometida, donde la responsabilidad financiera y el compromiso con la ciudadanía se convierten en pilares fundamentales. Al eliminar la dependencia del financiamiento estatal, se abre el camino hacia una cultura de austeridad y responsabilidad, reduciendo la posibilidad de malversación de fondos y promoviendo una conexión más directa entre los políticos y sus electores.

3.8 CAMBIOS EN LA DURACIÓN DEL MANDATO

La duración estándar del mandato presidencial, comúnmente establecida en cuatro años en muchos sistemas políticos, ha generado un debate persistente sobre su idoneidad. Un aspecto crítico a considerar es el extenso período de tiempo que abarca, permitiendo a los líderes y partidos en el poder implementar políticas y reformas, pero también generando la posibilidad de una gestión complaciente o, incluso, desvinculada de las demandas ciudadanas. La experiencia de un mandato presidencial de cuatro años puede llevar a periodos prolongados de inercia política, donde las agendas pueden perder su dinamismo inicial y las promesas de campaña se ven afectadas por desafíos inesperados. Este estiramiento temporal puede dificultar la adaptación a cambios rápidos y la respuesta ágil a crisis o desafíos imprevistos.

También a lo largo de un periodo de cuatro años, la conexión entre los líderes y la ciudadanía podría debilitarse. Los cambios en la opinión pública no se reflejan de manera inmediata a mitad de mandato, lo que podría llevar a que las políticas y prioridades no estén alineadas con las necesidades actuales de la población. A su vez, en un periodo de cuatro años, si un líder toma decisiones equivocadas o implementa políticas fallidas, puede ser difícil corregir el rumbo antes de que termine su mandato. Un periodo más corto permitiría una corrección más rápida de posibles errores.

Propongo reducir el mandato presidencial a dos años, abogando a una gestión más dinámica y adaptable. Con un periodo más breve, los líderes se verían obligados a mantener una atención constante en las necesidades y demandas de la población, así como a fomentar un diálogo político más intenso para asegurar la aprobación de sus propuestas. La reducción del mandato a la mitad podría catalizar la formación de pactos de gobierno más sólidos, donde los partidos políticos se ven compelidos a trabajar juntos en programas a largo plazo para garantizar la estabilidad y el progreso sostenido. La presión temporal obligaría a una mayor colaboración y consenso, evitando la procrastinación y promoviendo la implementación efectiva de políticas.

La reflexión sobre la duración del mandato es esencial para adaptar la política a las realidades cambiantes y fomentar un enfoque más dinámico y colaborativo en la gestión gubernamental. Debido a que un mandato presidencial más corto, como el de dos años, puede impulsar una mayor agilidad en la toma de decisiones y la respuesta a desafíos cambiantes. Los líderes estarían más en sintonía con las demandas actuales de la sociedad y estarían obligados a ajustar sus agendas de manera más rápida y efectiva.

Además, un periodo presidencial más corto podría fomentar un diálogo político más activo y la formación de acuerdos y pactos de gobierno. Los líderes estarían motivados a trabajar juntos para lograr objetivos a largo plazo, ya que el tiempo limitado requeriría una planificación y ejecución más eficientes y dependerían unos de otros para llevar a cabo votaciones. Junto a esto los líderes estarían bajo una presión constante para mostrar resultados y cumplir con las promesas de campaña. Esto podría aumentar la rendición de cuentas, ya que los ciudadanos evaluarían el desempeño en un plazo más corto y podrían expresar sus opiniones de manera más inmediata a través de procesos electorales frecuentes.

En conclusión, la duración del mandato presidencial es un aspecto crucial que influye directamente en la dinámica y la eficacia del gobierno. Mientras que un periodo de cuatro años puede conducir a complacencia y desconexión, la reducción a dos años serviría para revitalizar el sistema, promoviendo la adaptabilidad, la rendición de cuentas a corto plazo y una mayor interacción entre los líderes y la ciudadanía.

Este cambio no solo buscaría evitar periodos prolongados de inercia política, sino también fomentar una gestión más enfocada en las necesidades cambiantes de la sociedad. La reducción del tiempo de mandato es esencial para construir un sistema político más ágil, receptivo a los desafíos actuales y que fomente un diálogo político activo y colaborativo.

REFLEXIONES FINALES

Es innegable que existen numerosos problemas en nuestras sociedades, y aunque este escrito aborde algunos de ellos, reconozco que hay muchos más. Sin embargo, considero estos puntos que he mencionado y explicado como primordiales, ya que su resolución allanaría el camino para la solución de otros desafíos que enfrentamos en las sociedades occidentales.

Así como en la construcción, unos cimientos sólidos son esenciales para la estabilidad de un edificio, abogo por reformas que fortalezcan los cimientos de nuestras sociedades, permitiéndolas crecer de manera sólida y adaptable.

Mi experiencia y estudio me llevan a afirmar que muchos de los problemas sociales que enfrentamos son síntomas de cuestiones subyacentes. Siendo así vital abordar estos problemas centrales comentados anteriormente para lograr cambios significativos que impacten positivamente en otros aspectos de nuestra convivencia.

Antes de acabar este libro deseo compartir una reflexión sobre las sociedades modernas y nuestro papel en ellas.

A menudo se nos describe como engranajes, partes de la gran máquina que es la sociedad, pero no estoy completamente de acuerdo con esa metáfora, ya que implicaría estar simulando la rigidez e inamovilidad de una máquina sintética, algo que choca directamente con nuestra biología adaptable. Por lo que prefiero ver la sociedad como un megaorganismo compuesto por macroorganismos.

De tal manera que nuestras células contribuyen a mantenernos con vida, cada individuo aporta a la supervivencia y funcionamiento de nuestro megaorganismo. Si bien enfermamos y debemos redirigir recursos para recuperarnos a nivel individual, lo mismo ocurre en las sociedades. Así como las células se especializan y adaptan para sobrevivir, nosotros como individuos nos especializamos y adaptamos para contribuir al bienestar colectivo. La sociedad en este sentido es una representación ampliada de este principio. Aún así hay una gran diferencia, la individualidad.

Con esto lo que quiero dar a entender es que cada individuo importa. En contraste con la imagen de un engranaje fácilmente reemplazable o un organismo unicelular homogéneo al resto, en una sociedad cada persona es única y aporta de manera singular. La diversidad y singularidad de cada individuo son elementos valiosos para el funcionamiento de la sociedad. Cada aporte, por pequeño que parezca, importa y contribuye al bienestar general.

La unión hace la fuerza, y es esta unión la que nos otorga la seguridad y el orden necesarios para desarrollar nuestras libertades individuales, libertades que debemos defender por todos los medios posibles e imposibles. Y es que, una sociedad colectivizada sería algo aberrante, ya que acabaría con la diferencia que tenemos con las células. Es decir, más allá de la disparidad que tenemos en cuanto a tamaño y complejidad, nos convertiríamos en drones sirvientes de una colmena, huecos de pensamiento propio y alineados con un único propósito sin espacio para la diversidad de opiniones y perspectivas.

Esto contradice lo que representa el progreso social y la esencia misma de la especie humana, que se fundamenta en la libertad y el individualismo, pero que paradójicamente, no excluye la importancia de la unidad y la colaboración. La esencia de la humanidad radica en nuestra capacidad para pensar de manera independiente, para cuestionar y para innovar, y a su vez compartir estos pensamientos para trabajar en conjunto pese a las diferencias. Una sociedad colectivizada erosionaría estas facultades, convirtiéndonos en meros engranajes de una máquina impersonal, en lugar de seres autónomos con la capacidad de crear, soñar y alcanzar nuevas fronteras.

Como mención, en lo que me baso para afirmar estos principios de libertad e individualismo, es en su decisiva victoria sobre los intentos de colectivización en la historia de la humanidad, y también la tendencia natural de cada individuo hacia estos, independientemente del entorno y su educación.

Para acabar, gracias por llegar hasta el final de este libro. Espero que te haya sido de utilidad y que de alguna manera llegue a marcar un cambio para mejor algún día ya sea en tí o en las sociedades contemporáneas o futuras.

BIBLIOGRAFÍA

1. Ancell, Kate. "If You Want Better Politicians, Pay Them Less." Chicago Booth Review, The University of Chicago Booth School of Business, www.chicagobooth.edu/review/if-you-want-better-politicians-pay-them-less.

2. Baron de Montesquieu, Charles Louis de Secondat. The Complete Works of M. de Montesquieu. 1 The Spirit of Laws, 1777, Online Library of Liberty, https://oll.libertyfund.org/titles/montesquieu-complete-works-vol-1-the-spirit-of-laws.

3. Bierce, Ambrose Gwinett. "The Cynic's Word Book." The Cynic's Word Book, by Ambrose Bierce, David Widger, 14 Oct. 2013, www.gutenberg.org/files/43951/43951-h/43951-h.htm.

4. Blanco, María. "El Peligro de Las Malas Decisiones Políticas." El Español, El Español, 28 Sept. 2021, www.elespanol.com/invertia/opinion/20210928/peligro-malas-decisiones-politicas/615318465_13.html.

5. "Blockchain (II): Conceptos Básicos Desde La Protección de Datos." AEPD, 20 Nov. 2020, www.aepd.es/prensa-y-comunicacion/blog/blockchain-II-conceptos-basicos-proteccion-de-datos.

6. Bustillo, Eduardo Velez, and Harry A. Patrinos. "Why Is Education More Important Today than Ever? Innovation." World Bank Blogs, 14 Feb. 2023, https://blogs.worldbank.org/en/education/why-education-more-important-today-ever-innovation.

7. DeSilver, Drew. "The Polarization in Today's Congress Has Roots That Go Back Decades." Pew Research Center, Pew Research Center, 10 Mar. 2022, www.pewresearch.org/short-reads/2022/03/10/the-polarization-in-todays-congress-has-roots-that-go-back-decades/.

8. Dillinger, William, and Marianne Fay. "Finance and Development." Finance and Development | F&D, International Monetary Fund, 1999, www.imf.org/external/pubs/ft/fandd/1999/12/dillinge.htm.

9. Hassner, Pierre. "Russia's Transition to Autocracy." Journal of Democracy, Apr. 2008, www.journalofdemocracy.org/articles/russias-transition-to-autocracy/.

10. Maffesoli, Michel. The Time of the Tribes The Decline of Individualism in Mass Society. SAGE Publications Ltd, 1995.

11. Martialay, Ángela. "Sánchez Bate Récords y Se Convierte En El Presidente Que Más Usa El Decreto-Ley de La Democracia." EL MUNDO, 3 Apr. 2023, https://www.elmundo.es/espana/2023/04/03/6429b149fc6c8334378b4571.html.

12. Monsiváis-Carrillo, Alejandro. "Corrupción y Legitimidad Democrática En México." SciELO, 25 Sept. 2020, www.scielo.org.mx/scielo.php?script=sci_arttext&pid=S0188-25032020000300587.

13. Nieto, Nubia. "La Corrupción Política En México: Del Pasado a La Transición Democrática." Repositorio Institucional de La Universidad de Alicante , Universidad de Alicante. Instituto Interuniversitario de Desarrollo Social y Paz, 2013, https://hdl.handle.net/10045/29240.

14. Tharoor, Ishaan. "Turkey's Erdogan Becomes an Era-Defining Electoral Autocrat." The Washington Post, 30 May 2023, www.washingtonpost.com/world/2023/05/30/erdogan-autocrat-electoral-power/.

ACERCA DEL AUTOR

Florin Gabriel Adamache, conocido preferentemente como Gabriel o Gabri, es un autor cuya curiosidad insaciable y pasión por entender el mundo que lo rodea ha sido el motor impulsor de su vida y obra. Aunque carece de licenciaturas específicas o grados universitarios, su formación se ha forjado a través de una amplia gama de experiencias y conocimientos adquiridos a lo largo de los años.

Con una trayectoria diversificada, Gabriel ha incursionado en distintos campos, empezando con los misterios del desarrollo de software y de la informática, para al final explorar las complejidades de la historia de la humanidad, la política, la economía, la ética y la filosofía. Este vasto repertorio de conocimientos le ha permitido desarrollar una perspectiva multifacética y un enfoque interdisciplinario en su día a día.

"La Balanza Incompleta" es el debut literario de Gabriel Adamache, una obra que refleja su profundo compromiso con la búsqueda de soluciones a los desafíos contemporáneos y su deseo de compartir sus reflexiones con el mundo. A través de su escritura, Gabriel busca inspirar el pensamiento crítico y fomentar un diálogo enriquecedor sobre temas relevantes y urgentes para la sociedad actual.

CONTACTO

Gracias por tu interés en mi libro. Si tienes alguna pregunta, comentario o simplemente deseas ponerte en contacto, por favor, utiliza la siguiente información para ello:

Correo Electrónico
gabriadfn22@gmail.com

Redes Sociales
X (Twitter): gabriadfn22
Instagram: gabriadfn22

Printed in Great Britain
by Amazon

41856484R00036